AINA
JA SILTI
NIIN VÄHÄN AIKAA

Pekka Halme

Aina
ja silti
niin vähän aikaa

runoja
enimmäkseen

Books on Demand GmbH

© 2018 Pekka Halme
Kansi ja piirrokset: Pekka Halme
Kustantaja: BOD - Books on Demand, Helsinki, Suomi
Valmistaja: BOD - Books on Demand, Norderstedt, Saksa
ISBN: 978-951-568-998-6

MIX
Paperi vastuullisista lähteistä
Paper from responsible sources
FSC® C105338
FSC
www.fsc.org

kuoreni voi nahistua ja runkoni lahota
sieluni ei koskaan

Sisällys

Uneton Barcelonassa

Istuin Els Quatre Gatsissa yrittäen hukuttaa tyl-
sistyneisyyttäni ja tappaa matelevaa aikaa. Pitkään
aikaan eivät työ eikä ruoka olleet maistuneet. Ai-
noa mikä kulki sujuvasti kurkustani alas, oli carajillo.
Siinä nautittu kahvi vaikutti ilmeisesti niin, että en
useana peräkkäisenä yönä ollut nukkunut kuin pari
kolme tuntia. Olin juuri saanut uuden höyryävän ku-
pin eteeni, kun kohtasin katseesi, joka vaikutti niin
määrätietoiselta, että olit varmaan jo pitkään katsel-
lut minua. Samassa nousit ylös, kuljit vaaleansini-
sessä mekossasi ohitseni ja katsahdit vielä kerran
merkitsevästi. Ajattelin omahyväisesti, että kutsu-
vasti.

Ehkä saadakseni vähän vaihtelua tähän toivotto-
maan toimettomuuteen, kaivoin lompakostani sete-
leitä kattamaan carajilloni sekä hyvät palvelurahat,
heitin kameran ja varustelaukun olalleni ja lähdin pe-
rääsi. Et varsinaisesti katsonut taaksesi, mutta var-
masti tiesit kyllä minun seuraavan sinua. Via Laie-
tanalla aurinko paistoi hetken suoraan takaasi. Se
loi ympärillesi kultaisen auran ja kertoi minulle varta-
lostasi kutakuinkin kaiken. Ehdin ottaa tuosta

sykähdyttävästä näkymästä kuvan. Vastavaloonkin otettuna se on yksi parhaiten onnistuneita otoksiani ja on kulkenut siitä lähtien aina kameralaukussa mukanani

Seurasin sinua ensin torille, jossa halusit leikkiä kissa ja hiiri -leikkiä. Kuljit katusoittajien ja markkinakojujen välissä välillä edessäni, välillä takanani ja vuorotellen kummallakin sivustallani. Panit ammattitaitoni niin kovalle koetukselle, etten enää toista kunnon kuvaa sinusta saanutkaan. Käännyit aina sopivasti selin tai sukelsit ihmisvilinään.

Jatkoit matkaasi takaisin La Ramblan suuntaan ja veit minut tavarataloon, suoraan naisten alusvaateosastolle. Vain pienen yllätyksellisen hetken näin peilikuvasi ja kysyvän ilmeesi. Tein valintani epäröimättä. Nyökkäsin juuri ja juuri havaittavasti vasemman kätesi suuntaan. Sitten loin silmäyksen ympärilleni ja ehtimättä miettiä mitä seuraavaksi, huomasin, että kissa oli jätetty yksin. Vaateostokset jäivät ja lähdin etsiskelemään, vieläkö löytäisin sinut. Lopulta päätin luovuttaa ja lähteä ulos. Silloin näin sinut kassalla ja valitsemani vaaleansinisen pitsin vilahtavan kassiisi.

Kosmetiikkaosastolla ostoksesi hieman ihmetytti minua: Räikeimmän punaista huulipunaa mitä kuvitella saattaa! Ei oikein sopinut muuten niin hillittyyn olemukseesi. Poikkesit vielä ostamaan purukumia, mutta sitten otitkin vauhtia ikään kuin karistaaksesi minut kannoiltasi. En luovuttanut, mutta annoin mieliksesi etumatkasi kasvaa. Kääntyessäsi seuraavasta kulmasta vasemmalle olin jo noin sata metriä perässäsi. Ja kun tulin kadun kulmaan, näin vilauksen mekostasi menemässä sisään valkoisen rakennuksen ovesta. Seurasin ovelle ja näin huulipunalla kirjoitetun tekstin oven lasissa:

demasiado peligroso

Tarkoittaa kuulemma liian vaarallista. Leikki oli nyt ilmeisesti loppu. Löysin punattujen huultesi jäljen purukumilla lasiin kiinnitetyn passikuvasi takaa. Kuvan otin talteen lompakkooni.

Poistuin paikalta monien kysymysten saattelemana. Kuka olet? Asutko täällä? Näkisinkö sinua enää? Olinko hävinnyt vai voittaja? Olitko aidosti kiinnostunut minusta? Vai olinko vain säälittävä typerys, joka ansaitsi tulla höynäytetyksi? Kai leikkimme oli jonkin arvoista ollut, kun olit kuvasi oveen jättänyt.

Koko viikon olen nukkunut edelleenkin vain pari tuntia kerrallaan ja miettinyt näitä kysymyksiä. Vastauksia ei ole löytynyt edes carajillosta. Nyt istun taas Els 4 Gatsissa hukuttamassa tylsistyneisyyttäni ja etsimässä seuraavaa hiirtä.

14

Olet arvoitus ja keidas
Labyrinttipuutarha
Etsin sinusta käsiini liekin
joka kärventää uneen kaukaisuuden
Välimatkan minun halustani
sinun kaipauksesi muureille

Sinä yönä et kysy mitään
Sinä tunnet minut
etkä kuitenkaan tunne minua
Etkä liioin hämmästy
kun nälkäiset sydämet kietovat rihmojaan
merentumman horisontin ympärille

Mielessäni harhailee
aavistus joka painautuu minuun
kuin viileä yö jolloin
sinun suusi on magnolian kukka
joka vuodattaa makeaa viiniään
soihtujen itkiessä silkinkuultavaa onneaan

Sinun ihosi on kuin aamu
yllään kasteviitta
tulvillaan unestaan heräävää henkäystä
ja pisara kuun ruohoa
hopeankajoista
juuri ja juuri tuulessa värähtävää
vielä äsken kun taivas oli alhaalla
kylvit kuunsäteiden siimeksessä
kivimaljassa vaahtoavat unelmat
tämä rakkaus ei ole ohi
se pulppuaa lumivyörynä suonissamme
kunnes verenkarvas hunaja
kyllästää sydämemme

meidän raukeutemme on illuusio
suudelmamme hiovat huulemme
kaikkein sileintä sileämmäksi
ja minä muistan epäröimättä
vielä kun aika on huvennut savuhunnuksi
miltä neilikankukat tuoksuvat

Läpi tämän hämärän kutsun nimeäsi illoin
kun makaat siinä malttamattomasti sädehtien
lannistumaton povesi kohoillen käteni alla

Olet lämmin ja äänesi on pehmeä
kun se soi huoneemme kätköissä
sen jokaista esinettä, jokaista huonekalua hyväillen

Ihosi kuiskaa minulle tuoksullaan
ja minä kuuntelen sen vastustamatonta pyyntöä
ajatuksenkevein huulin

Lepäät yhä silmät suljettuina
ja minä rakastan kuulaiden kasvojesi piirteitä
sekä hajallaan olevien hiustesi myrskyä

Olen ollut tässä aina
ja silti niin vähän aikaa
etten saata käsittää
oletko minulle mantelinkukka vai sielu
tai
jotain selittämätöntä niiden välissä

Tänään päätit pukeutua sateeseen
antaa ohuen vartalosi tanssia villiä vapauttaan
kuin äärimmilleen jännitetty jousi
joka kohta sinkoaa nuolensa kohti uhriaan

Se uhri olen minä
katsellessani leikkiäsi paikalleni jähmettyneenä
kykenemättä liikahtamaan
tai näkemään sateen lisäksi mitään enempää

Joskus on kylmä
joskus hämärä tulee huomaamatta
mutta sinun naurusi kiemurtelee
vuoripurona puiden lomitse

Minä rakastan sinua myös silloin
kun katseesi on hämillään
ja ajatuksesi rispaantuneet
silloin lasken käteni olkapäällesi
ja sinä sanot sen olevan lämmin

Elämä on peli
jonka säännöt muuttuvat kaiken aikaa
tänään minäkin tulen sateeksi
pisaroiksi
kuin kukkien terälehdiksi hehkuvalle ihollesi

Maailman unohtamina
tanssimme ulos hiljaisuuden vaippaan
ilman ihmisten musertavia katseita
ilman valkoiseksi maalattuja ajatuksia

Yhtä kaikki, kaihosilmäni
aistitko sinäkin saman purren valituksen
joka on kuin meren maku illan kielekkeellä
ja kauhallinen kuparilantteja rintasi päällä

Ruoho nukahtaa
puiston salamyhkäisessä pimennossa
sitä ennen erotan vähäeleisen äänesi
kiihkeän väreen uupumuksen partaalla

Yö polttaa poroksi
viimeisiä hullaantuneita minuuttejaan
ja sen loimussa vartalomme hohde
kimmeltää meripihkana hiuksissamme

Sinä nukut
minä kuuntelen varjoja
          sateen itkua ikkunaruutua vasten
huoneessa ajelehtii hienovarainen
inkiväärin ja korianterin tuoksu

ajan murtunut kello näyttää kaukaiselta
saavuttamattomalta
kuin virttynyt sateenkaari
viimeisellä taivaalla

unelias käteni ei enää etsi sinun tarkoitustasi
rosoinen suuni ei enää etsi suudelmiasi
20   vaan jotain muuta
yön huntuun jähmettynyttä kuiskausta
unen sameaa painoa

Ennen kuin päivän viimeinenkin hehku väsähtää
harmaat silmäsi alkavat näyttää
pieniltä palasilta hiiltä
ja hiuksesi reunustavat kasvojasi kuin viitta

sinä puhut minulle varovaisin elein
etteivät kaikki haaveeni takertuisi seittiin
joka on kietoutunut hämmentyneille hartioillesi

sitten kuu nousee yötaivaan tummalle sametille
avaa alastoman vartalosi varjot
ja valaisee otsasi kiiltäväksi hopeakolikoksi

Kolmisäkeitä kuvitteelliselle naiselleni

tuskailet pienten rintojesi kanssa
minusta ne ovat ihan mukiinmenevät
tai ainakin kouriintuntuvat

*

niin kauan kun odotit minua
ja nyt olet vihainen kun tulen
ennenaikaisesti

*

sinä olet minulle nainen Picasson taulusta
jollain erityisellä tavalla viehkeä
mutta silti niin rujo

*

toki se sovittiin silloin
että sanot jos teen jotain väärin
en tiennyt että sen pitää kuulua naapuriin asti

Lisää kolmisäkeitä kuvitteelliselle naiselleni

kauneutesi huutaa veteen viestinsä
ja jähmettää ihmiset suolapatsaiksi
mutta minua suojelee rakkautesi

*

hauras kätesi ja kuutamo
viattomuus näyttää meille tien
minne ikuisuus meni

*

sisälläni polttavaa värinää
kun suutelet minua kauniilla silmilläsi
kirsikankukkalunta hiuksillasi

*

huuleni vasten huuliasi
kieleni kieltäsi
vartalomme toisiaan

Uusia kolmisäkeitä kuvitteelliselle naiselleni

rantakoivuissa lehdet
kuuntelet sirkkalintua kaislikossa
kesä yllätti

*

mieltäsi kutittaa
saunantuoksu
ja viriävä rakkaus

*

onnellisuus kannattelee sinua
kuin veden ylle kaartuva oksa
haurasta linnunpesää

*

kaipaus on vettä
jolla huuhtelet kasvosi
peilinä rantahiekka

Viimeiset kolmisäkeet kuvitteelliselle naiselleni

läsnäolon puute
välinpitämättömyys
sydämiimme sataa räntää

*

olemisen pakko
tekaistuja tunteita
kaikki on jo ammennettu

*

minä koin velvollisuudeksi
sen mihin sinä suostuit säälistä
hyvä että tuoksusi viimein haihtui

*

silti itkin
jotain täysin tyhjää
sehän oli oikeastaan armahdus

Breanna ja Devan

Minä tiedän, että sinun turkkisi hopea ja helmiäinen loistavat tässä kuutamossa kuin fosforinen hehku. Sitä hehkua minä olen etsinyt monta monituista yötä. Kaikki neljä jalkaani väsyksiin asti olen taivaltanut läpi metsien ja poikki vainioiden. Sinun täytyy olla vieläkin kaukana, kun et ole jokaöiseen kutsuuni vastannut.

Välillä minä pysähdyn muistelemaan meidän yhteisiä hetkiämme. Kun me painoimme liittomme ja ikuisen ystävyytemme sinetiksi tassunjälkemme rannan saviseen maahan, heti siihen missä kaislikko loppuu ennen leppävesakon alkua. Muistatko?

Nukun hetken tuttua katkonaista sudenuntani ja sitten minut ajaa taas liikkeelle sinun kuvasi, joka mielessäni väikkyy. Minä tulen. Minä tulen sinun luoksesi ennen kuin kuu kääntää kasvonsa meistä pois. Minä löydän lämpimän hehkusi ja olen yhtäkkiä vierelläsi. Eikä meillä enää ole ikävä toisiamme.

Minä olen uupunut loputtomasta kulkemisesta. Jokainen askel sattuu tassuihini. Anturat ovat kuluneet rikki, nivelet ja jänteet kestokykynsä äärirajoilla. Minun vereni on värjännyt risujen ja oksien raapiman turkkini. En enää tiedä onko minulla enemmän nälkä vatsani tyhjyydestä vai sinun kaipuustasi. Päätän silti jaksaa vielä vähän aikaa.

Ja äkkiä näen jonkin hohtavan. Pysähdyn ja nostan kuononi kohti tähtiä. Se on totta - minä aistin sinun tuoksusi. Sen joka luo minuun levotonta kiihkoa ja samalla antaa minulle pennun innon ja nuorukaisen voimat. Nyt ei ole enää paljon matkaa jäljellä ja minä olen luonasi. Vastatuuleen! Vastatuuleen minun on lähdettävä.

Sydämeni takoo villinä, kun matkani vihdoin on päätöksessään. Sinä nostat pääsi ja katsot minua suloisesti. Kysyt, miten löysin sinut vain kuun valo apunani täältä puiden kätköstä. Kerron nähneeni sinun turkkisi kajastuksen jo tuolta kaukaa, pellon toiselta laidalta. Hymyilet vienosti ja sanot minun olevan ainoa, joka sen näkee.

Aikaa et voi pitää itselläsi
mutta muille voit
jakaa sitä rajattomasti

Lapset nukkuvat
viinipullon korkki pöydällä
iltahetki kahdestaan

Jos runo olisi ihminen
se olisit sinä
ja minä kirjoittaisin sinua iholleni
joka ikinen päivä

Sinun kosketuksesi elää minussa
ja minun kaipaukseni kyyneleet
pitävät sen kukkivana

Jokainen polku
joka lähtee sinun sydämestäsi
on kulkemisen arvoinen

Maailma antaa
ellet jättäydy paikallesi
sitä odottamaan

Se kuuntelee mua
ja se saa mut kuuntelemaan sitä
se on mun paras kaveri

Minä kudon sinun ystävyytesi
elämäni lankoihin
samalla hartaudella
kuin persialainen matonkutoja
Niin se kiiltää
ja kestää kulutusta vuodesta toiseen

Joskus kun tapaan oikein ylimielisen ja
itseään täynnä olevan ihmisen

lausun mielessäni hiljaisen kiitoksen

etten ole samanlainen

Jokaisen yön kätkössä
piilottelee aamun sarastus
ja jokaisen surun sylissä
nauru odottaa vuoroaan

Hän viipyi vain hetken
mutta se hetki
oli kuin kokonainen elämä
tai riisuttu huntu.
Kaikki.

Sanotaan että elämä on lyhyt.
Noinkohan...
Minusta tuntuu, että olen odottanut sinua
jo ikuisuuden.

Oodi rauhalle

Ei puhu aseet, ei aterioi tykit
Ei itke äidit silvottuja poikiaan
Ei kuivu veri, ei pirsto luodit
Ei juhli miehet tappamalla toisiaan

Ei kateus, ei valta
Ei jumalat, ei kauna
Ei rikkaudet, ei riita
Vaan hiljaisuus ja rauha

Jos saisin muuttaa kolme asiaa
en minä sotia poistaisi – poistaisin vihan
Jos olisi kaksi toivomusta jäljellä
en poistaisi köyhyyttä – poistaisin ahneuden
Viimeisellä toiveellani
en ehkä nälkää saisi katoamaan
mutta jakaisin sen kaikille tasan

Jos olisin peili
näkisitkö minut
vai näkisitkö sen mitä haluaisit minun olevan

Jos olisin kaiku
kuulisitko minut
vai kuulisitko mitä kuvittelet minun tarkoittavan

Jos olisit ystäväni
olisimmeko toisillemme
erilaisuudestamme huolimatta
jotain kauan sitten kirjoitettua tarinaa

Me istuimme saunassa, raavaat miehet.
Joku yhdelle tutumpi,
toinen jollekin vieraampi.
Silti haavamme auki sieluun asti.

Väliin istuttiin hiljaa
löylyn lämmöstä nauttien.
Ja sanat, jotka ääneen lausuttiin,
ne täyttivät kaikkien mielet.

Oli työnsä jokainen tehnyt
jokainen osansa saanut.
Ei parempaa, ei huonompaa;
vain elämää, jota toisille jakaa.

Se hetki oli hyvä
ja valheista vapaa.

Teen raskasta työtä.
Äijien kanssa.
Porukassa, jossa perkele ja vittu
kuuluvat normaaliin puheeseen,
jossa autot ja moottoripyörät tunnetaan,
ja jossa hylsysarja ja Leatherman sopii
paremmin käteen kuin nahkahanska.

Finlandian tunnistan,
mutta sinfonioita en muuten ymmärrä.
Hurriganes ja Popeda meillä tykittää.

Ruoan kanssa ei maistu Rotschild, ei Chablis.
Tuoppi pöytään ja saunan päälle.
En sekoittele drinkkejä.
Otan Kossua Vissyllä,
joskus raakana tai kuuman veden ja sokerin kanssa.

Makuuhuoneen tarinat ne ei meikäläisellä
mitään Hertta-sarjaa ole.
Mutta kaikki ovat kiittäneet.
Paitsi ne jotka ovat pyörtyneet.

Ja jos jotain lupaan, sen teen,
enkä lupaa sellaista, mitä en tee.
Joten omapa on asiasi.
Jos ei miellytä.

Aa niin kuin apina

eipä minusta paljon muuksi olekaan

Bee niin kuin munkki

se ällöttävän inhottavan ihanan makea

See niin kuin Kokis

ja rommia sekaan

Siitä se deekin (=deekis?) alkaa

Satula hiertää perseen ruvelle
jaloista hautuu kumisaappaissa vorschmackia
reppu painaa selkää
ja sen hihnat kaivautuvat hartialihaksiin
maitohappo polttaa reisiä
hiki kirvelee silmissä
polkimen klonksutus käy pikkuhiljaa hermoon
vittu, että vituttaa
Mutta ei nyt parane höllätä
iltaloma kiiluu silmissä

En rakasta sinua
vaikka heräämme yhdessä
tähänkin aamuun
Tämä vuode on minulle yhtä vieras
kuin tuntematon kaupunki
Tahtomattani olen ajautunut samaan
niin monien kaltaisteni lailla
Kulkemaan baarista toiseen
ilta illan jälkeen
Harrastamaan pakonomaista seksiä
tunteetonta
riittämätöntä

Nukkumaan humalaani pois oudoissa asunnoissa
Miettimään mitä sanoisi lähtiessä
sanomatta silti yhtään mitään

Maanantai

Messevä misu mulla,
mieletön mässy;
minihame,
makeet meikit,
muhkeet muodot,
mahtimarsu.

Moni motskarikundi
myis menopelinsä
maistaakseen mimmin mettä.
Mutta, mutta...
misukka majailee mieluummin mun mörskässä.

Meillä menee mukavasti makkarissa.
Muhinoitiin mööpelit mäsäks.
Mutta mulle mirkku meuhkas:
"Meera, meera!!!"

Tiistai

Tässä tenhoavassa tuokiossa
tunnen taian tuoksun
tuhkan tähteiden tuiskutessa
tähtiyön taivaan tyrskyissä
tuulten tähkäpellon turvaan

Keskiviikko

Kultamansikkani
kuulitko kutsuni kivien kehän keskeltä?

Kiihkoissani katselen kauniita kasvojasi,
kukkaseppelein kiedotun kehosi keveää kieltä.

Kulta, kohta kuljen kohti.
Käteni kiertyy kaulallesi,
kuiskaan kaipaustani korvaasi.

Kainalossani, kalleimpani,
kyyneleesi kaikkoavat kaukaisuuteen.

Torstai

Tänään tapahtunee tällaista:
tammimetsään talsimaan
torille törsäämään
takatukan tasaus
tunniksi tupluureille
telkkarin töllötystä
tyytyväisenä tutimaan

Perjantai

Poika pohtii piikalikkaa,
pyöräilevää pikisilmää.
Pyytäisikö päiväseuraksi
Pihlajasaareen perjantaina.

Poika pohtii piikalikkaa,
pellavaista punahuulta.
Pussaisiko pikaisesti
päiväretken päätteeksi.

Poika pohtii piikalikkaa,
pyöreä peppu pyöränselässä,
paita päärynätissejä pullollaan.
Pääsisinpä pöksyihinsä!

Lauantai

Lomailin Luumäellä.
Lähdin Lappeenrantaan lavatansseihin.
Löysin liikkuvaisen likkaihmisen.
Leveät lanteet,
liehuva laskoshame,
lupsakka lörpöttelemään.

Lahdenpoukamassa lempeästi likistelin.
Lupasi laakista lähteä
Leppävirralle lohensoutuun.

Liekö lohia lähimaillakaan...

Sunnuntai

Sunnuntaiaamuna
suupalaksi sillivoileipä.
Sepä selvittää suloisen
suvi-illan seuraamuksia.
Samalla syynäilen syntejäni.
Sirmakalla soittelin suvisäveliä.
Siemailin sahtia soittoni saatteeksi.
Soma sussuni suivaantui,
sillä saattomatkani söhläsin.
Sahdista – samperi – sammahdin.

Minä rakastan sadetta
kun se kuiskaa niin hiljaa että sen juuri ja juuri aistii
minä rakastan sadetta
kun se tekee renkaita rasvatyynen järven pintaan
minä rakastan sadetta
kun se vaatii minulta huomiota ropinallaan
minä rakastan sadetta
kun se iskee pisaroitaan päin ikkunaa
minä rakastan sadetta
kun se liimaa hiuksesi kiinni kasvoihisi
minä rakastan sadetta
kun se viimein väistyy auringon tieltä

Ole minulle lämmin vielä
varjojen käydessä kalpeiksi
kun tuulten tuomat lehdet tukkivat viemärin
vuotaa toistuvasti silmänurkka
karvasta kyyneltä - sieraimesta veri
hetkellä jolloin sudet lakkaavat ulvomasta
kaikki arvokas käy rumaksi
kaunis muuttuu arvottomaksi
avoimen oven kutsuessa kurkistamaan sisään

Vaimo miehelleen

Siinä se hörppii aamukahviaan.
Kuvittelee kai olevansa
jotenkin parempi.
Luulee olevansa sukkela,
kun päästelee sutkautuksia
ja sanankäännöksiä.

Ja on kuitenkin samanlainen
körrikkä kuin muutkin,
jonka voisi laittaa
yksin kylälle asumaan
omaa kortteeriaan.
Ja ottaa uuden tilalle.

Mutta en minä sitä
ihan miettimättä vaihtaisi.
Se korjaa sukkansakin
olohuoneen lattialta.
Ainakin melkein heti,
kun siitä sille huomautan.

Ja usein se tulee ja hipaisee.
Halaa ja koittaa kutitellakin
ja pussaa suulle,
vaikka minulla palaisi

kastike pannulla pohjaan.
Ja sanoo, että tykkää.
Tykkään minäkin siitä
vaikka en sitä ääneen sano
kuin joskus ihan vahingossa.

Ettei turhaan tulisi ylpeäksi.

Mistäs nyt tuulee,
kun ukon-körrikkä on keittänyt kahvit?
Ja laittanut voileivätkin valmiiksi.
Juusto alla, pari tomaatinsiivua,
kinkku aseteltu nätisti rullalle niiden väliin,
sitten vielä persiljaa koristeeksi
ja päälle suklaakeksi makeaksi palaksi.
Hyvää on kahvi, mikäs siinä.
Mutta ei sano ukko mitään.
Katselee vaan ja myhäilee.
Jotain sillä on mielessä.
Olisiko poikien kanssa kalareissua tiedossa.
Ei, en minä kysy, en ainakaan ihan heti.

- Mitäs on ukolla mielessä, vai onko meillä juhlat,
lipsahtaa minulta siinä samassa.
- Juhlitaan nyt, kun voitin lotossa,
pamauttaa ukko vastaukseksi.
- Herramunjee, voitit lotossa! Paljonkin?
- No en nyt sentään mitään päätä huimaavaa.
- No sano nyt ja äkkiä sittenkin!

Hullu, kun pitää kiusata, vaikka näkee,
että minä halkean uteliaisuudesta.

- Euron.
- Euron?!

Ja sitä se juhlii.
Johan minä tuumasin, että hullu se on.

Missä ihmeessä se taas kuppaa?
Luulisi sen nyt löytävän
ne ruuvinsa ja mitä lie äkkiämminkin.
Ja sen hiivan.
Ainoan asian mikä piti minulle toimittaa.
Eikä se taaskaan muista.
Ei ainakaan ole mitään sanonut
ja nyt on jo iltapäivä.
Mokomakin körrikkä.

No sieltä se nyt taitaa tulla.
Vai naapurin rouvako siellä pöristelee autollaan.
Kai lähdössä taas jotain harrastamaan,
bodipumppia tai ratsastusta kenties.

Eteisessä rymisee, oli se ukko sittenkin.
Ohhoh, ja oikein kukkapuskan kanssa!
Hiivakin toisessa kädessä.
Ei sentään, ei ole hiivapaketeissa rusetteja.
Siis jotain muuta?
Ilmankos niin kesti!

Sitten se halaa ihanan lämpimästi.
Ja puristaa hellästi pepusta.
"Hyvää hääpäivää armaani."

Jos saisi valita yhden sanan, jolla kuvata millainen hän oli lapsena, tuo langanlaiha tyttö, jonka jäsenet olivat kuin kelkannarut, olisi varmaan paras valinta 'erilainen'. Monen mielestä jopa 'erikoinen'. Myös sanaa 'omaperäinen' voisi kai käyttää. Mitä? Sanoiko joku 'omalaatuinen'? Entä miltä kuulostaisi 'itsenäinen'? 'Itsepäinen'? Ei. Ei itsepäinen. Niin no, sitäkin kyllä, mutta se ei olisi paras valinta. Ehdottomasti kuvaavin ominaisuus on 'erilainen'.

Hänen kysymyksilleen ei ollut loppua. Mitä? Miksi? Onko sattumalla jokin tarkoitus? Rakastaako joku minua? Maailma aukeni hänen syliinsä räjähdyksenomaisesti, kun hän oppi lukemaan. Hän tarttui sitä tiukalla otteella reunoista ja alkoi väsymättömästi etsiä kirjoista vastauksia kysymyksiinsä. Ja aivan alinomaa hän hymyili häpeilemättä tuota riivattua hymyään.

Silloinkin kun hän itki, ja hän kyllä itki usein. Joskus vuolaasti kyynelehtien, joskus aivan hiljaa sisäänpäin ilman toisille ihmisille näkyviä ulkoisia merkkejä. Silloinkin kun hän itki, välkehtivät hänen silmissään tulet kuin aarnivalkean liekkiöt utuisella suolla juuri ennen auringonnousua.

Se tuli aina kuin piiskanisku
nopea sivallus
muutama ilkeä sana
ja se sattui
sattui
jo muutaman kerran jälkeen
minä rakensin muurin
itkun ja kyynelteni väliin

vain sinä olit vaiti
et nauranut

mutta sateella minä itkin
etteivät toiset näkisi
etten ole vahva
että se tekee kipeää
ja annoin sadepisaroiden huuhdella silmäni
ajatellen että sinä olisit se sade

Minä pelkään pitkää yötä

sen hyytäviä luusormia
ja ilkkuvaa naurua

Viittansa suojassa
se hieroo yhteen kämmeniään
tarttuu tinkimättömällä otteellaan

Se naurava pyöveli

Katsoo minua jääsilmin
kasvoillaan korskea virne
tanssii musta kaapunsa hulmuten
hämärään huuhtoutuvan tietoisuuteni ympäri

Hurmion alttarilla
katseiden pilkka pukee ylleen
toivottomuuden naamion
vaikka kosketus on tabu
silti jokainen on sitä vailla
häpeän helmassa voit
tuntea katumusta tai vihaa
kädessäsi mystinen kartta
katkeruuden piinan malja
tämä on erilainen aamu
sielussa soi uusi kevät
elinaikaisen kehitysopin majakka

– Kenest meiän luokan kimmast tykkäät eniten Vexi?

– Hö. En kenestäkään. Entä ite?

– Vaik Liisasta. Mut kenest sä?

– No en kenestäkään, johan mä sanoin.

– Tykkäätpä. Mä näin ku sä haaveilit.

– No en mä ny mistään muijista haaveillu.

– No mist muka?

– Enkä mä mitään ees haaveillu. Ja jos haaveilinki nii siit et mä viel joskus skulaan maajoukkueen veskarina. Ohan me siit bamlattu monta kertaa. Ja sust tulee Suomen paras maalitykki.

– Arvaa mitä, Hebe –yleensähän veskareilla on aina ollu vihree paita. Banksilla oli keltane ja englannin kuningattarella oli saman värinen klensa loppuottelussa. Ja Jashinia sanotaan Mustaks Hämähäkiks ku se käyttää mustii kuteita ja skotsaa. Mä hommaan punaset kledjut ja rupeen käyttää nimee Punanen Koobra. Se on maailman nopeeliikkeisin käärme.

– Eihä oo, ku musta mamba.

– Punanen koobrapas, kyl mä tiiän.

– Ethän tiiä! Tuu vaik plukkaa meiän eläinkirjast. Siin sanotaan ihan selväks härmäks, et musta

69

mamba on maailman nopein käärme.

– Okei sit... Mä oon kuiteski Punanen Koobra.

– Mitäs, Vexi luulet, kävisköhän Liisa ja Maija tsii-
gaa meiän matseja?

– Miten nii Maija?

– No onhan se ihan kiva friidu.

– Nii mut miks just Maija. Meinaat sä ruveta pitää
kaht sussuu vai?

– No en tiättykää, mut ku mä oon joskus hokannu
ku sä vahtaat sen perään ku joku lammas.

– Lammas! Vitsi tiiät sä ees minkä näkönen on lam-
mas, ku et oo koskaan nähny!

– Ai en vai... Mut no, ei väkisi.

– Hebe, kyl mä luulen, et ne meiän matsei tulis tsii-
gaa... Ja Maija laittais punasen rotsin...

Rakas ystäväni

Siitä onkin jo pitkä aika, kun viimeksi sinulle kirjoitin. Kävin eilen lapsuuden maisemissamme ja mieleeni muistui heinäseipäät ja viljavat pellot, kissankellot ja siankärsämöt, metsämansikat ja kaikki ne lukuisat unohtumattomat tuoksut. Muistatko, kuinka maltamattomina lehmät odottivat laitumella iltalypsyä? Heinäsirkat raksuttivat kilvan ja saunapolun laidalla kasvoivat korkeat nokkoset ja maitohorsmat. Ja kun polulla juoksi, märkä pehmeä savi pursui varpaiden välistä. Muistatko vielä senkin, kuinka innostuneina uitimme purossa kaislanlehtiveneitä ja roiskutimme niihin vesipisaroita matkustajiksi? Ja kirkonrottaa leikittiin aina, kun vaan kavereita oli tarpeeksi. Mitä luulet, jos nyt kellahtaisimme vierekkäin selällemme nurmikolle, näkisimmekö taivaalla seilaavissa pilvissä eri maiden karttoja tai eläimiä? Entäs sitten se, kun aurinkoisena päivänä kärvensimme polttolasilla nimikirjaimet aidantolppaan? Muistatko sinäkin kaiken tuon?

Terveisin vanha ystäväsi

P.S.
Osaisinpa vielä kerran olla lapsi!

Turun Sanomat uutisoi
että oksalakasta oli keksitty tehdä viinaa
veden ja suolan avulla

Samana päivänä aloitin koulun
saatiin Aapinen, piirustuslehtiö ja väriliidut
sai piirtää mitä halusi
mutta ei Aapiseen

Piirsin talon, auton ja Suomen lipun
lipussa meni värit väärin päin
jännitti niin

Viereeni sohvalle istahtaa pieni tyttö.
Hän laittaa kätensä minun käteeni
ja katsoo minua syvälle silmiin.
Ja hän hymyilee luottavaisesti.

Kuvittelen tietäväni paljon ja monenlaista,
mutta silti hän vaikuttaa viisaammalta kuin minä.
Hän osaa kysyä monia kysymyksiä asioista,
joita en ole edes tullut ajatelleeksi.
Enkä osaa niihin kaikkiin vastata.

Ehkä voisin antaa hänelle kuitenkin jotain.
Jotain, mitä hänellä on paljon
ja minulla joka päivä vähemmän.
Tärkeintä mitä voi lapsi voi aikuiselta saada.
Aikaa

Mitä sen on väliä
jos ihmiset katsovat pitkään
kun kuljen pitkin vesirajaa
ja väistelen tyrskeitä
välillä juosten niitä karkuun
välillä palaten takaisin lähemmäs merta
pakenevan aallon perässä

Mitä sen on väliä
jos ihmiset kummeksuvat kun
hyppään suojatiellä valkoisten viivojen yli

Mitä sen on väliä
jos reppuani koristaa Ariel
ja luen Asterixia kahvilassa
tai teen varjokuvia seinään

Mitä sen on väliä
jos elän omaa vilpitöntä elämääni
enkä keneltäkään lainattua roolia

Nyt minulla on aikaa.
Aikaa mennä ja tulla,
aikaa olla ja nähdä,
aikaa pysähtyä kuuntelemaan elämän ääniä
ehkä monestikin kuulemiani,
mutta sellaisia joita en ole ennen huomioinut.

Aikaa tuntea,
aikaa ajatella,
aikaa oppia ymmärtämään maailman menoa,
ymmärtämään myös sitä,
jota en voi hyväksyä.

Aikaa opetella uusia taitoja,
aikaa muistella menneitä,
aikaa antaa anteeksi.
Myös itselleni.

Kyllä minäkin ihannoin nuoruutta
sen punaisen veren vilkkautta
säkenöivää innostusta ja
ehtymätöntä energiaa

sitten joskus yllätin itseni
itkemästä räkäistä itkua
haaveitteni varistessa
yksi toisensa jälkeen

silti - kuin varkain
aloin äsken ymmärtää että
kyllä 16 vuoden iän voittaa
60 vuoden elämänkokemus

Millainen olit, kun olit nuori,
hän kysyy

Palavasilmäinen romantikko
ja maailmanvalloittaja,
vastaan
katsoen häntä samalla syvälle silmiin

Hän hymyilee arvoituksellisesti,
ja sanoo nauru äänessään

Taidat sitten olla nuori edelleen

Lapset jotka leikkivät
juoksevat ja tekevät
nauravat ja menevät

Sehän se on täyttä elämää

Pyri siihen!

Ryntäilyä
säntäilyä
vellovaa aaltoliikettä
innosta kyllästymiseen
malttamatonta harhailua
tyydytyksestä toiseen

tyyneyttä
rauhaa
kihelmöivää värinää
innokasta odotusta
määrätietoista kulkua
onnelliseen olotilaan

Joskus ihmettelen
kuka oli se mies, joka kuljetti
lapset tarhaan ja harrastuksiin
nauroi minun nauruni
astui minun askeleeni
nukkui minun vuoteessani
riiteli vaimoni kanssa ja itki minun itkuni

Joskus ihmettelen
minne aina oli kiire ehtiä
kun ei ehtinyt tehdä mitään tärkeää

Joskus ihmettelen
minne se meni
     elämäni
tapahtuiko tuo kaikki oikeasti
vai oliko se vain jotain minulle kerrottua

Joskus mietin
voisinko elää tarinani lopun
hitaasti ja olemassaolostani nautiskellen

Aika on säälimätön
kun se ottaa pirun hahmon
ja valuu hiekkana käsieni läpi
Aluksi se tärvelee ulkokuoren
sitten sumentaa maiseman
ja vaientaa varpusen laulun

Kilpajuoksussa häviää vääjäämättä
mutta luovuttaminenkin on kiduttavaa
Tuonelan lautturi kyllä odottaa taksitolpallaan
              (siitä kyydistä myöhästyn mielelläni!)
tuohon ruuheen astun viimein tyhjin käsin
taskussa kourallinen koiranputken siemeniä

Aallot sihisevät hiekassa
painan jalanjälkeni
siihen mistä vesi juuri pakeni
ja katselen kuinka jälki katoaa hiljalleen

hiipuu

kuin rakkaani joka ei enää tunne minua

Mä vein sen rantsuun.
Siihe lehmuksen alle
mis on ollu penkki iät ja ajat.
Me tsitattii alas
ja mä froogasin siltä et
onks tuttu mesta.
Vaik se alkaa jo olla latvasta laho
eikä osaa sporapysäkiltä himaan,
tai ei aina muista meiän kersojen nimii
se vastas heti et tottakai,
täshän me sekstailtii ekan kerran.

Sit se funtsi vähän aikaa
iha hiljaa.
Tippa nous sen linssiin,
ja se tsiigas mua ja smailas.
Sit se sano et siit on jo kauan.

Silti se muisti meiän kledjutki:
sil oli blumsterikuvioinen paitis
ja punane roiskeläppä
ja harmaa jumpperi.
Ja mulla punaset sammarit
ja harmaa kolitsi.
Oltii vähä niinku samikset.

Kai se sit nii oli,
ei mul oo siitä mitään snajuu.

Ja se tuumas
et kyl sen elämä on ollu ältsin nastaa,
mut et se smokkailu oli siit varmaan
samalla kertaa kaikkein jänskintä ja makeinta.

Sit se laitto öögat kii
eikä se sen koommin
tsennannu mua enää.

Ei elämä pääty
kuolemaan
vaan unohdukseen

Jotkut unohtuvat jo eläessään
Toiset eivät koskaan

Päätepysäkki

Surkaa minua hetki
mutta sitten muistakaa minut
sellaisena kuin olin.
Ja puhukaa minusta
niin kuin puhuitte silloin ennen.
Puhukaa minusta
ja käyttäkää nimeäni usein.
Niin minä elän
eikä varjoni koskaan haalistu.

Sanastoa

messevä	upea
mässy	namupala
marsu	sukuelin

kimmast	tytöstä
skulaan	pelaan
veskarina	maalivahtina
bamlattu	juteltiin
klensa	leninki
skotsaa	lakkia
kledjut	vaatteet
plukkaa	lukemaan
tsiigaa	katsomaan
friidu	tyttö
hokannu	hoksannut

tsitattii	istuttiin
froogasin	kysyin
mesta	paikka
spora	raitiovaunu
himaan	kotiin
sekstailtii	suudeltiin
funtsi	mietti
tsiigas	katsoi
smailas	hymyili
blumsteri	kukka
roiskeläppä	minihame
snajuu	käsitystä
ältsin nastaa	todella mukavaa
smokkailu	pussailu
öögat	silmät
tsennannu	tuntenut